L.^{27} n. 2044.

MES ADIEUX

A MES

PAROISSIENS.

MES ADIEUX
A MES PAROISSIENS.

—

Chrétiens, mes frères en J.-C. N. S.,

C'est un besoin pour mon cœur, au moment de me séparer de vous, et de m'éloigner d'une résidence qui avait pour moi tant de charmes, de vous remercier de toutes les marques de bonté que vous m'avez données, de l'indulgence avec laquelle vous m'avez toujours traité, et du support que vous avez eu pour mes fautes et mes défauts pendant un ministère de huit années.

Je vous suis redevable d'être venus me chercher dans l'humble retraite où je languissais oublié, de m'avoir tiré de l'obscurité où se consumaient les plus belles années de ma vie, et de m'avoir donné, dans toutes les occasions, des preuves d'une sympathie que j'avais si peu méritée. Je n'oublierai jamais que vous m'avez choisi pour votre pasteur, et préféré à des collègues si remarquables par leurs qualités apostoliques, dans un moment où, pour des causes qu'il est inutile de rappeler ici, j'aurais trouvé difficilement une autre église, et que vous m'avez gardé, malgré les nombreuses fautes dont je me suis rendu coupable, fautes qui, quoique pour la plupart, indépendantes de ma volonté, n'auraient pas moins dû changer les bonnes dispositions que vous m'avez toujours manifestées. Avez-vous voulu honorer par ce support, cette indulgence et cette sympathie, la fidélité avec laquelle je vous ai toujours prêché la Parole de Dieu, ou bien avez-vous trouvé en moi d'autres qualités qui m'ont valu de votre part une si grande bienveillance? Je l'ignore. Mais ne serais-je pas le plus ingrat des hommes, si je me séparais de vous sans vous donner ce témoignage public de ma reconnaissance et de ma cordiale affection?

C'est également un besoin pour mon cœur, de vous remercier des efforts que vous avez faits pour me maintenir à un poste que je quitte avec tant de regret, et de la préférence que, pour la seconde fois, la plupart d'entre vous ont voulu me donner sur des prétendants si dignes, d'ailleurs, de votre confiance et de vos hommages. Il me serait doux, en vous en exprimant ici toute ma gratitude et en vous en témoignant toute ma joie, de pouvoir vous dire que ces efforts ne seront pas perdus, et que cette préférence que j'ai, d'ailleurs, si peu méritée, sera sanctionnée par le consistoire général. Mais n'est-il pas à craindre que ce consistoire, dont je reconnais l'autorité, et dont les décisions sont pour moi comme sacrées, ne tienne, dans cette occasion, aucun compte de votre vœu, tout légitime qu'il est, quand bien même il serait exprimé par la presque totalité des suffrages? N'est-il pas à craindre qu'il me fasse un crime de ne pas avoir repoussé une telle manifestation, aussitôt qu'elle s'est produite et qu'elle m'a été connue?

Il comprendra, cependant (ses lumières et sa sagesse me le font espérer), qu'il n'a pas dépendu de moi d'empêcher ces manifestations de se faire jour, et que je suis bien peu coupable pour ne pas avoir rejeté des hommages qu'il est si honorable de recevoir, surtout lorsqu'ils sont spontanés, et qu'ils se produisent d'une manière si libre et si pacifique.

Il m'est bien pénible de ne pas pouvoir vous comprendre tous dans ce témoignage public de ma reconnaissance; mais il est malheureusement trop vrai que quelques-uns d'entre vous m'ont fait, pendant la durée de mon ministère, une opposition aussi aveugle que systématique, et d'autant plus injuste que rien ne la justifiait de ma part. Je leur pardonne de tout mon cœur le mal qu'ils m'ont fait, le chagrin qu'ils m'ont causé, les amertumes qu'ils ont répandues sur ma vie. J'aime à croire qu'ils sont plus innocents qu'ils ne me le paraissent, et qu'ils avaient pour me traiter ainsi des raisons qui leur semblaient légitimes. Mais quelles que soient les causes d'une opposition que j'ai si longtemps déplorée, je ne leur pardonne pas moins tous les torts qu'ils peuvent avoir à mon égard, et je prends ici l'engagement de les traiter, en toute occasion, comme des amis et des frères. Cependant, comme ces procédés généreux, ces dispositions pacifiques, cette charité toute chrétienne, ne réussissent pas toujours auprès des hommes pour l'ordinaire si implacables dans leurs ressentiments; comme il y a tout lieu de craindre que mes antagonistes persisteront dans une opposition qu'ils n'ont pas un seul instant discontinuée, et qu'ils ne cesseront pas de m'adresser des reproches que j'ai cent fois repoussés, et de s'acharner contre moi comme les vautours s'acharnent contre leur proie, je veux, avant de quitter mes amis, leur fournir des armes pour me défendre contre des agressions qui seront peut-être sans terme, parce qu'elles sont sans motif. Ces armes, je les trouve dans les bons témoignages qui m'ont été rendus par diverses personnes dans les différentes Églises que j'ai desservies. Qu'on me permette de reprendre les choses d'un peu haut.

En 1826, alors que j'étais pasteur de l'Église de La Rochelle, l'occasion se présenta de me placer dans une petite ville située dans le voisinage de Castres, où j'avais rempli, pendant quatre années, les fonctions de pasteur-suffragant. Voici ce que mon ancien collègue, actuellement pasteur à Bordeaux, m'écrivait,

au sujet de cette place qui me fut offerte : « Mon-
« sieur A. de Falguerolles a fait le voyage de Cas-
« tres pour prendre des renseignements sur votre
« compte et sur celui de quelque autre personnage ;
« on lui a dit de vous les choses les plus avantageu-
« ses... Tous les concurrents offrent de devenir suf-
« fragants. Trois seulement se partagent les suffra-
« ges, parmi lesquels vous êtes le premier... »

En 1832, M. Paradès de Daunant, alors conseiller de préfecture à Nimes et l'un des rédacteurs du *Courrier du Gard*, me fit l'honneur de me demander, pour ce journal, un ou deux articles sur Valleraugue. Je répondis à son désir avec tout l'empressement dont j'étais capable, et voici ce qu'il m'écrivait, le 5 janvier de la même année, au sujet du premier de ces articles que je lui avais envoyé :
« J'ai reçu, il y déjà quelques jours, votre lettre et
« l'article que vous avez eu la bonté de m'envoyer.
« Je viens vous remercier de l'un et de l'autre. Si
« je ne vous ai pas répondu plus tôt, c'est que j'ai
« voulu communiquer à mes collègues votre mor-
« ceau sur Valleraugue. Ils ont été comme moi par-
« faitement satisfaits, et il paraîtra dans notre pro-
« chain numéro. Je viens donc vous prier, en
« mon nom et au leur, de vouloir bien continuer
« votre ouvrage et nous envoyer votre second arti-
« cle, bien sûr qu'il sera reçu avec reconnaissance
« et que nous en ferons usage tout de suite... »

En 1840, je publiai une brochure de 36 pages, sur la dissidence qui affligeait l'Église consistoriale du Vigan, et dont j'étais non moins affligé moi-même. Voici de quelle manière cette brochure fut appréciée par l'*Évangéliste*, qui se publiait à Nimes et dont M. Fontanés était le principal rédacteur :
« Ces citations auxquelles nous nous sommes laissé
« aller, inspireront, nous n'en doutons pas, un vif
« désir de lire en entier cette brochure. Elle est, en
« effet, très-remarquable par un heureux mélange
« de bon sens, de douceur, de tolérance éclairée et
« de foi au christianisme régénérateur. Ami de la li-
« berté, large dans sa manière de concevoir l'Évan-
« gile, M. Viguier n'est pas indifférent, et sa base est
« positivement arrêtée sur les vérités qui tiennent de
« plus près au salut des âmes, par la mort et l'Esprit
« du Seigneur. Heureuses nos Églises, si les ques-
« tions religieuses étaient toujours traitées avec la
« sagesse et le bon esprit dont la brochure de M.
« Viguier est empreinte !.. »

En 1844, je publiai, pour détourner l'opposition que je croyais rencontrer dans mon Église, le discours d'installation que j'avais prononcé dans les temples d'Avèze et de Molières. Voici l'appréciation qu'en a faite l'*Écho de la Réforme*, journal qui s'imprime à Montpellier, sous la direction de M. le pasteur Grawitz : « Dans ce discours, M. Viguier a
« exposé ses vues avec une grande franchise, et de

« manière à prouver qu'il comprenait tous les devoirs
« de la tâche que le Seigneur lui confie. Écrivain
« distingué, M. Viguier rend ses idées avec une
« grande lucidité et souvent avec élégance. S'il n'a
« pas, dans ce discours, les grands mouvements
« de l'éloquence, il en a l'onction persuasive et la
« simplicité touchante. »

En 1846, des divisions ayant éclaté dans l'Église d'Avèze, au sujet de certaines réunions religieuses, présidées par des évangélistes dissidents, j'écrivis sur ces déplorables divisions une brochure de 18 pages, que le *Lien*, journal qui s'imprime à Paris, sous la direction de M. Coquerel père, a ainsi appréciée : « Nous avons préféré de beaucoup suppri-
« mer nos propres réflexions sur l'évangélisation,
« pour donner place à ces extraits étendus de la bro-
« chure judicieuse de M. le pasteur Viguier. Nous
« connaissons peu de cas où la question de l'évan-
« gélisation ait été traitée d'une manière plus lumi-
« neuse, plus forte, et mieux empreinte de charité
« chrétienne. Ce sont des questions sur lesquelles il
« faut laisser parler les pasteurs des Églises... »

En 1848, invité à prêcher à Ganges, au service du soir, un jour qu'une cérémonie religieuse avait attiré une foule immense dans le temple de cette ville, je m'acquittai de ma tâche avec peu de bonheur, parce que je n'étais pas assez prêt et que je manquais, par des raisons qu'il serait puéril de rappeler ici, de l'entrain qu'il faut avoir pour bien remplir une tâche de cette nature. Cependant, le pasteur qui rendit compte, dans un journal religieux, de cette touchante cérémonie, s'exprima sur mon discours à peu près en ces termes : « Écrit « avec élégance et pureté, et débité avec beaucoup « de naturel, ce discours a vivement impressionné « l'assemblée, qui s'est retirée édifiée et satisfaite. »

Enfin, en 1850, j'ai publié un discours dans lequel les questions à l'ordre du jour sont franchement abordées, et que j'ai intitulé : *Le Christianisme et le Socialisme.* Voici ce que l'*Écho de la Réforme* en a dit, après en avoir fait une très-longue citation : « Nous ne suivrons pas le prédicateur dans un « ordre d'idées qui ont été souvent présentées, et « où il ne pouvait que relever les pensées par la « clarté et l'élégance de son style; nous nous hâtons « d'arriver à la partie de son discours qui a trait aux « questions actuelles. Pour ne rien ôter à la vivacité « de son argumentation, nous le laissons parler lui-« même, et répondre aux utopistes qui veulent faire « de la terre un paradis ou plutôt le seul paradis « de l'homme. »

Les personnes qui me connaissent savent combien il a dû m'en coûter de recourir à ce moyen de défense, d'entrer ici dans tous ces détails et de faire moi-même mon éloge. Après avoir longtemps gardé le silence, je l'aurais gardé encore si je n'étais pas convaincu que l'opposition dont je me plains ne se tiendra pas pour satisfaite, qu'elle me poursuivra dans ma nouvelle Église, et qu'elle ne rougira pas d'employer les mêmes moyens. C'est pour elle un parti pris. En ce qui me concerne, elle veut nier l'évidence et justifier, par toutes sortes de raisons, le mal qu'elle m'a déjà fait et celui qu'elle se propose de me faire dans la suite. Elle guette toutes mes démarches, elle surveille toutes mes paroles, elle recueille tous mes propos, et que je fasse bien ou mal, que mes discours soient bons ou mauvais, je n'en suis pas moins censuré par elle. Elle se plaint tout autant quand je remplis fidèlement mes devoirs, que lorsque j'y apporte un peu de négligence. Aboyer quand elle me voit, c'est son affaire; me mordre quand elle le peut, c'est devenu pour elle un invincible besoin. Tracassé, accablé, souvent découragé par cette opposition qui ne se fatigue jamais et qui n'est jamais satisfaite, j'avais souvent pris le parti de la combattre et de la repousser, mais j'en ai été empêché jusqu'à ce jour, par des considérations que certaines âmes n'auront aucune peine à comprendre. Aujourd'hui même je n'en serais pas ému et je ne ferais aucun cas de ses morsures, si je ne croyais pas nécessaire d'avertir mes nouveaux paroissiens de sa tactique, et de laisser à mes amis une arme pour me défendre contre ses incessantes agressions. Que ceux au milieu desquels je vais vivre, et qui m'ont presque toujours honoré de leurs suffrages, se persuadent bien qu'ils n'ont pas fait un mauvais choix en m'adoptant, et qu'ils ne se laissent pas facilement entraîner à des démarches dont ils auraient regret dans la suite; que les amis que je laisse, sachent que je suis aussi digne de leur amitié qu'ils le sont de la mienne, et qu'ils continuent à me défendre et à me protéger. Cet écrit que je livre aux uns et aux autres, sera une arme avec laquelle ils pourront repousser quelques-unes des attaques dont je serai encore l'objet, et amoindrir le mal que quelques entêtés essaieront de me faire.

L. VIGUIER, *pasteur*.

Montpellier.— Typ. de BOEHM.

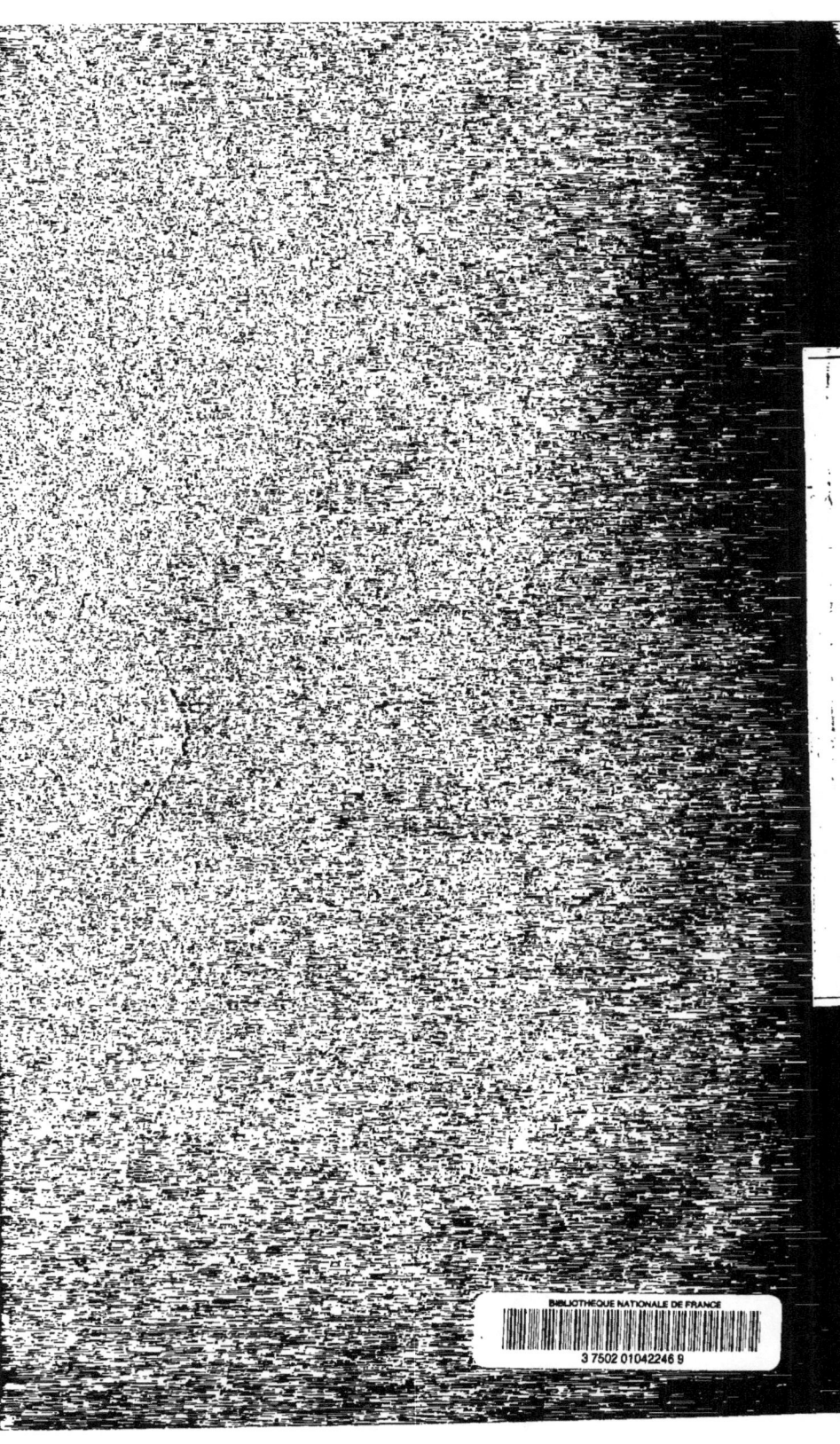

www.ingramcontent.com/pod-product-compliance
Lightning Source LLC
Chambersburg PA
CBHW071431060426
42450CB00009BA/2124